BEI GRIN MACHT SICH IHR WISSEN BEZAHLT

- Wir veröffentlichen Ihre Hausarbeit, Bachelor- und Masterarbeit
- Ihr eigenes eBook und Buch - weltweit in allen wichtigen Shops
- Verdienen Sie an jedem Verkauf

Jetzt bei www.GRIN.com hochladen und kostenlos publizieren

Nick Scheder

Der Verfassungskonvent zur Erarbeitung einer Grundrechtecharta für die EU

GRIN Verlag

Bibliografische Information der Deutschen Nationalbibliothek:

Die Deutsche Bibliothek verzeichnet diese Publikation in der Deutschen Nationalbibliografie; detaillierte bibliografische Daten sind im Internet über http://dnb.d-nb.de/ abrufbar.

Dieses Werk sowie alle darin enthaltenen einzelnen Beiträge und Abbildungen sind urheberrechtlich geschützt. Jede Verwertung, die nicht ausdrücklich vom Urheberrechtsschutz zugelassen ist, bedarf der vorherigen Zustimmung des Verlages. Das gilt insbesondere für Vervielfältigungen, Bearbeitungen, Übersetzungen, Mikroverfilmungen, Auswertungen durch Datenbanken und für die Einspeicherung und Verarbeitung in elektronische Systeme. Alle Rechte, auch die des auszugsweisen Nachdrucks, der fotomechanischen Wiedergabe (einschließlich Mikrokopie) sowie der Auswertung durch Datenbanken oder ähnliche Einrichtungen, vorbehalten.

Impressum:

Copyright © 2002 GRIN Verlag GmbH
Druck und Bindung: Books on Demand GmbH, Norderstedt Germany
ISBN: 978-3-638-63828-9

Dieses Buch bei GRIN:

http://www.grin.com/de/e-book/3652/der-verfassungskonvent-zur-erarbeitung-einer-grundrechtecharta-fuer-die

GRIN - Your knowledge has value

Der GRIN Verlag publiziert seit 1998 wissenschaftliche Arbeiten von Studenten, Hochschullehrern und anderen Akademikern als eBook und gedrucktes Buch. Die Verlagswebsite www.grin.com ist die ideale Plattform zur Veröffentlichung von Hausarbeiten, Abschlussarbeiten, wissenschaftlichen Aufsätzen, Dissertationen und Fachbüchern.

Besuchen Sie uns im Internet:

http://www.grin.com/

http://www.facebook.com/grincom

http://www.twitter.com/grin_com

Verfassungskonvent   23.12.02   Seite 1

Eberhard-Karls-Universität Tübingen
Institut für Politikwissenschaft
SS 2001
Hauptseminar: Reformprozesse und Konzepte zur Vertiefung der Europäischen Gemeinschaft von ihren Anfängen bis heute

Hausarbeit

Der Verfassungskonvent zur Erarbeitung einer Grundrechtecharta

Nick Scheder

Politikwissenschaften	9. FS	HF	Studiengang: Magister
Sportwissenschaften	7.FS	NF	
Geschichte	9.FS	NF	

Inhaltsverzeichnis

1. Einleitung   3
2. Der Verfassungskonvent zur Erarbeitung einer Grundrechtscharta für die EU   5
2.1 Die historischen Rahmenbedingungen 6
2.2 Die Gipfel von Köln und Tampere 7
    2.2.1 Entwurf für eine Grundrechtscharta   7
    2.2.2 Bedeutung europäischer Grundrechte   9
2.3 Besonderheiten des Verfassungskonvents 11
    2.3.1 Zusammensetzung des Konvents   12
    2.3.2 Verfahrensweise des Verfassungskonvents   13
    2.3.3 Funktion der NGOs   14
2.4 Das Gipfeltreffen von Laeken vom 14./ 15. Dezember 2001 16
    2.4.1 Beschlüsse des Konvents   17
    2.4.2 Zusammensetzung des Konvents   18
    2.4.3 Verfahrensweise des Konvents   20
2.5 Besonderheiten und Ergebnis für den Konvent 22
3. Fazit und Ausblick   24
4. Literaturverzeichnis   27

1. Einleitung

Die Europäische Union hat sich seit ihrer Gründung im Jahre 1957 nicht nur geographisch erweitert, es hat sich in ihr auch immer mehr eine ökonomische und politische Integration vollzogen.

Für diesen Prozess, der sich langsam, in vielen kleinen Schritten[1], aber scheinbar unaufhaltsam vollzogen hat, sind verschiedene institutionelle Reformschritte unabdingbar. Nur so kann[2] einerseits die Legitimation der EU durch Institutionen und Verfahren und auf der anderen Seite ihre Effizienz des Entscheidungsprozesses und ihres Outputs erhöht und verbessert werden.

Um längerfristig die Akzeptanz der Gemeinschaft bei den Bürgern zu gewährleisten, bedarf es allerdings zusätzlich einer grundlegenden Debatte über die Zukunft des Integrationsprozesses. Die Union muss ihren Bürgern Orientierung und Identifikation bieten, ihnen die Grundlagen und Ziele ihrer Politik vermitteln und die politischen Partizipationsmöglichkeiten verbessern.

Auf dem Weg zur Vollendung dieser Ziele sind konkrete Schritte erforderlich, ohne dass sich hieraus bereits *„Vertragsänderungen oder gar ein verfassungsgebender Akt ergeben müssen. Ein wichtiges Element dieser Verfassungsdebatte könnte dabei die Art und die Reichweite der geplanten Grundrechtscharta bilden."*[3]

Diese Arbeit setzt sich auseinander mit der Vorbereitung eines wichtigen Integrationsschrittes, der Charta der Grundrechte der Europäischen Union, insbesondere mit der Entstehung und den Besonderheiten des Verfahrens, das zur Grundrechtecharta führte. Das Dokument wurde auf den Gipfeln von Köln, Tampere und im letzten Jahr in Brüssel vorbereitet. Um die Eigenheiten dieser Gipfel, insbesondere um das Gremium, das die Grundrechtecharta ausarbeitete, den „Verfassungskonvent", der im Dezember 1999 für ein Jahr die Arbeit aufnahm, und im März 2002 fortgesetzt werden soll, wird es im weite-

---

[1] Über verschiedene Regierungskonferenzen und Verträge, Überblick bei Weidenfeld, Werner (Hrsg.), 1999: Europa-Handbuch. Bundeszentrale für politische Bildung, Bonn, 17-75.
[2] nach Bertelsmann Europa-Kommission (Hrsg.), 2000: Europas Vollendung vorbereiten, Forderungen an die Regierungskonferenz 2000, S.35
[3] ebd.

ren gehen. Die Arbeitsweise und die Zusammensetzung dieses Verfassungskonvents – eigentlich sind es zwei Konvente, die jedoch einen gemeinsamen Nenner haben, und daher gemeinsam behandelt werden können - soll Thema dieser Arbeit sein.

Dabei wird in einem ersten Schritt eingegangen auf die historischen Rahmenbedingungen, was also dem ersten Konvent voranging, wie es vorher um die europäische Integration bestellt war, aber auch mögliche Auswirkungen des Konvents werden hier dargestellt.

Weiter geht es um das Zustandekommen der beiden Gipfel, wie es zum Beschluss der Erarbeitung und der Notwendigkeit einer Grundrechtecharta kam, und in welchem Bereich seine Ziele lagen.

Danach wird näher auf den Verlauf des Verfassungskonvents einzugehen sein. Wer nahm daran teil, wer hatte theoretisch, wer hatte faktisch etwas zu sagen?

Die Frage nach den Teilnehmern am Konvent von Tampere führt dann zum Kapitel über die Besonderheiten des Konvents. Solch ein Konvent an sich war nämlich eigentlich nichts Besonderes, schon früher trafen sich die Staats- und Regierungschefs der Mitgliedsstaaten, um Beschlüsse hervorzubringen, oder Kompromisse vor einer Regierungskonferenz herauszuarbeiten. Das Neue an diesem Konvent allerdings war seine spezifische Zusammensetzung.

In einem zweiten Teil wird auf die Sitzung des Europäischen Rates in Laeken am 14. und 15. Dezember 2001 eingegangen werden. Insbesondere werden die Beschlüsse dieses Konvents beleuchtet. Erneut werden die Zusammensetzung und die Verfahrensweise untersucht, bevor die Besonderheiten und die Ergebnisse des Verfassungskonvents zusammenfassend dargestellt werden.

Welchen Einfluss die Zusammensetzung der Verfassungskonvente allerdings in der politischen Praxis in der Zeit danach anmelden konnte, wird abschließend zu diskutieren sein.

2. Der Verfassungskonvent zur Erarbeitung einer Grundrechtscharta für die EU

Ende März 1957 trafen sich die Regierungschefs der sechs Mitgliedsstaaten der EGKS oder Montanunion, um diese bescheidene sektorale Integration europäischer Staaten auf weitere Bereiche auszuweiten. Die Ziele der Gründungsstaaten, die Benelux-Staaten, Frankreich, Italien und Deutschland, bestanden darin, die Idee einer Kooperation auf europäischer, supranationaler Ebene im Bereich der Wirtschaft und auf lange Sicht auch anderer Bereiche zu vollenden. Die Konsequenz aus diesem in den Römischen Verträgen festgehaltenen Beschluss läutete einen Prozess ein, der bis heute andauert und wohl noch lange andauern wird. Ein Prozess nämlich, der immer weiterreichende Beschlüsse nach sich zog, immer mehr und neue Bereiche der Politik, Wirtschaft und schließlich auch der Justiz unter einem Dach vereinte; und nicht zuletzt ein Prozess, dessen Idee immer mehr Anhänger fand, so dass sich aus diesem „Club der Sechs" ein größerer Staatenverband bildete, derzeit bestehend aus 15 Mitgliedsstaaten, 2004 sollen weitere dazukommen. Das obere Limit ist (fast) offen, *„das große Europa der 28 oder mehr Mitgliedsstaaten ist vereinbart und wird Wirklichkeit werden."*[4]

Die steigende Zahl der Mitgliedsstaaten führt uns an die Crux der Union und damit an das Problem dieser Arbeit heran: Wie kann man gemeinsame für alle geltende und für alle vertretbare Kompromisse erlangen, ohne dass dabei jemand bevorzugt oder benachteiligt wird? Und wer soll an diesem Entscheidungsprozess mitwirken?

Die Methode, die sich seit Anbeginn bis zum heutigen Tage v.a. durchgesetzt hat, ist die der nationalen Entscheidungen auf Regierungskonferenzen: die Staats- und Regierungschefs der Mitgliedsstaaten treffen sich in zwei oder mehr Jahresabstand, um über anstehende Probleme, und über deren Lösungsmöglichkeiten zu diskutieren und schließlich einen Kompromiss zu finden. Die politische Praxis allerdings sah i.d.R. so aus, dass die größten und politisch einflussreichsten Länder(chefs) – d.h. also Deutschland, Frankreich, Großbritannien, Italien und Spanien – entschieden, welche Probleme behandelt werden und wie die Lösung dieser Probleme auszusehen hätte. Kleinere Länder hatten bestenfalls die Möglichkeit, sich gegenseitig zu verbünden, und auf diese Weise Beschlüs-

---

[4] Europa-Kommission, 43

se zu verhindern. Nationale Akteure, Parteien oder Nichtregierungsorganisationen hatten in der Praxis kaum Einflussmöglichkeit.

Dieses System der Regierungskonferenzen, die zu immer neuen Gesetzen, Gesetzesüberarbeitungen und Verträgen führte, bringt – wie man sich leicht vorstellen kann – einen ungeheuren bürokratischen Aufwand, Kosten und Energie mit sich. Der Bürokratismus verstärkt sich natürlich weiter, je mehr Staaten der Union beitreten, je mehr Staats- und Regierungschefs ihre verschiedenen Ideen und Präferenzen haben und diese durchsetzen wollen. Kleinere Länder und nichtstaatliche Akteure verlieren in diesem System weiter an Bedeutung und Einflussnahme. Die Legitimation der Europäischen Union verliert zunehmend an Boden.

Ziel der hier vorliegenden Arbeit soll sein, die spezifische Zusammensetzung des sogenannten Verfassungskonvents dahingehend zu untersuchen, ob deren charakteristische Mitgliederzusammensetzung einen positiven Einfluss auch auf andere Verfahren in der Europäischen Union haben kann. Außerdem gilt es festzustellen, wie effizient sie arbeiten konnten, welche Vorteile und Nachteile diese Zusammensetzung hatte.

2.1 Die historischen Rahmenbedingungen

Die Berufung des einzelnen Bürgers auf rechtlich einklagbare Rechte hat schon eine lange Tradition, sie wird nicht erst seit Gründung der Europäischen Gemeinschaft thematisiert. Auch in den Nationalstaaten war die Einrichtung von Grundrechten wichtiger Bestandteil der politischen Legitimation.

Innerhalb der Europäischen Union praktizierte der Europäische Gerichtshof schon seit 1969 die Einbeziehung nationaler Grundrechte in seine Urteile. Seit 1974 erfolgten auch schon einzelne Schritte in Richtung auf die Entwicklung europäischer Grundrechte, unter Bezugnahme auf die Europäische Menschenrechtskonvention (EMRK) von 1950. Es gab allerdings keinen spezifischen Grundrechts-Katalog, die EU ist auch nicht ausdrücklich der EMRK beigetreten.

Schon nach den beiden Weltkriegen verstärkte sich die Kooperation auf internationaler Ebene, insbesondere durch International Governmental Organisations (IGOs), wie z.B. die UNO oder den Europarat. Später wurde das „Regieren jenseits des Nationalstaates" zur Regel, die EU kam dem Status eines Staates immer näher.

Seit Anfang der 90er greift die EU immer weiter in die Befugnisse der Bürger ein, auch in ungewohnte oder ungewöhnliche Bereiche, wie z.b. Sport oder Kultur etc. Eingriffe erfolgen durch

- EG-Verordnungen, die verbindlich in den Mitgliedsstaaten gelten
- EG-Richtlinien, diese müssen in nationales Recht umgesetzt werden
- Europäisches Recht, das die Mitgliedsstaaten verpflichtend bindet

Nach bisheriger Auffassung besitzen Staaten ein Hoheitsrecht, dieses kann durch rechtskräftige GR eingeschränkt werden. Deswegen wurde die Forderung nach einer Grundrechtecharta für die Europäische Union immer lauter; auch ließe sich dadurch die Bürgerferne einschränken.

Der Ruf nach Legitimität und Transparenz in den Entscheidungsprozessen der EU wurde immer lauter, das Verlangen nach einer Grundrechtsabsicherung und einer Konstitutionalisierung der Machtbefugnisse der EU wuchs. Die Grundrechtscharta der EU sollte den Grundstein für eine künftige europäische Verfassung bilden, aus der sich die Herrschaftsmacht der EU ableiten lassen sollte.

2.2 Die Gipfel von Köln und Tampere

2.2.1 Entwurf für eine Grundrechtscharta

Die Staats- und Regierungschefs der Mitgliedsstaaten trafen sich auf der Tagung des Europäischen Rates in Köln am 3. und 4. Juni 1999. Dort wurde u.a. beschlossen, einen Entwurf für eine Charta der Europäischen Grundrechte zu erstellen, um[5] die sichtbare Verankerung von Grundrechten und ihre Tragweite für die Unionsbürger deutlich zu machen. In der Vergangenheit wurde die Festschreibung von Grundrechten auf europäischer Ebene zumeist als integraler Bestandteil einer (wie auch immer gearteten) europäischen Verfassung verstanden, und nicht, wie in Köln beschlossen, auf ein einzelnes Dokument

---

[5] vgl. Hohmann, Harald, 2000: Die Charta der Grundrechte der Europäischen Union. Ein wichtiger Beitrag zur Legitimation der EU, in: Aus Politik und Zeitgeschichte, B 52-53/ 2000, 6

reduziert. Die Frage, ob dieses die Vorstufe einer solchen Verfassung bilden könnte, kann hier nicht näher erörtert werden.

Auf der Tagung des Europäischen Rates in Tampere am 15. und 16. Oktober 1999 wurde der Beschluss, einen Grundrechtskatalog zu erarbeiten, gefestigt. Hier wurde auch die Zusammensetzung dieses Gremiums, des „Verfassungskonvents", präzisiert. Es sollten *„15 Beauftragte der Staats- und Regierungschefs der EU-Mitgliedsstaaten, ein Beauftragter des Präsidenten der EU-Kommission, 16 Mitglieder der Europäischen Parlamentes, sowie 30 Mitglieder der nationalen Parlamente (zwei aus jedem Mitgliedsstaat) die von den nationalen Regierungen benannt werden, teilnehmen"*[6] (siehe unten).

Die auf diesem Konvent erarbeitete Charta der Europäischen Grundrechte, so die Forderung einiger Mitgliedsstaaten, sollte *„als Ergebnis der Regierungskonferenz 2004 durch Einbeziehung in die Verträge in Kraft gesetzt werden"*[7].

Erste Differenzen ergaben sich in der Diskussion über die verfassungsrechtliche Frage der Stellung der Grundrechte über Legislative und Exekutive[8]. Weiterhin galt es Schwierigkeiten über das Spannungsverhältnis zwischen Individuum und der Allgemeinheit und der juristischen Implikation der Grundrechte zu klären.

Es entstand eine kontroverse Debatte über die prinzipielle Notwendigkeit einer Grundrechtecharta[9], denn ein ausreichender Grundrechtsschutz sei auch ohne die Charta gewährleistet, so die Kritiker einer europäischen Verfassung.

Die Tradition von Grundrechten unterscheidet sich in den Mitgliedsstaaten erheblich voneinander. In Großbritannien beispielsweise gilt die Souveränität des Parlaments als unantastbar. In Deutschland, Österreich, Italien und Spanien ist die Verfassungsgerichtsbarkeit als Rahmenordnung für Legislative und Exekutive unverzichtbarer Bestandteil des Rechtsstaates ist. Somit können die Verfassungsgerichtshöfe die ordnungsgemäße Umsetzung der Grundrechte kontrollieren. Im Gegensatz dazu gilt in Großbritannien die Souveränität des Parlaments als unantastbar.

---

[6] ebd., 7
[7] Danwitz, Thomas von, 2001: Zwischen Symbolismus und Realismus. Die Grundrechtecharta der Europäischen Union, in: Internationale Politik, 56 Jg., Nr. 2, 38
[8] im Folgenden siehe auch Danwitz, 38
[9] Knelangen/ Varwick, 469

Auch in Staaten wie Dänemark, Schweden, den Niederlanden und selbst in Frankreich ist ein System verfassungsgerichtlicher Rechtsprechung unbekannt. Dort gelten die Gesetze des Parlaments weitgehend noch als das, *„was seit Jean-Jacques Rousseau als ‚volonté générale" bezeichnet wird."*[10]. Allerdings ist dieser gemeinsame Wille gebunden an überliefertes Recht, bei den Briten etwa die Magna Charta von 1215. Diese Unterschiede lieferten Anlass für weitere kontroverse Diskussionen.

2.2.2 Bedeutung europäischer Grundrechte

Technisch gesehen sind Grundrechte für die Europäische Union unnötig[11]. Die Verträge decken den Bedarf voll und ganz, da sie als Verträge mit Verfassungsrang vom Europäischen Gerichtshof schon seit 15 Jahren anerkannt sind und nicht wieder in Frage gestellt wurden. Nicht nur *„die mitgliedstaatlichen Verfassungen [garantieren] die Grundrechte"*[12], auch *„the right to get hold of the jurisdiction of the Court of Justice was widely made use of"*[13]. Warum also eine "Europäische Verfassung"?

Die Antwort darauf dürfte wohl am ehesten in der Bedeutung der Grundrechtscharta als Symbol für die Bürger liegen. In einer europäischen Verfassung kann sich jeder Bürger wiederfinden und sich damit identifizieren. Es wäre nun jedem möglich, seine Rechte als Unionsbürger nachzuschlagen und sich explizit darauf berufen zu können.

Die Unionsbürger sehen im Allgemeinen nur eine Vielzahl regulationswütiger Organe, jegliche Art von Identifikation mit Europa ist damit zunichte gemacht. *„Eine schriftliche Neuordnung von Machtfragen und Zuständigkeiten wäre demnach das geeignete Mittel, auch manchen Frust der desorientierten EU-Bürger zu lindern. Selbst Experten können kaum noch den Sinn der Brüsseler Verordnungen verstehen."*[14] Laut jüngster Umfrage[15] des Euro-Barometers wünscht sich auch eine Mehrheit der Unions-Bürger eine eigene europäische Verfassung.

---

[10] Danwitz, 38
[11] so z.B. Danwitz, 38
[12] Knelangen, Wilhelm/ Varwick, Johannes, 2000: die Charta der Grundrechte der Europäischen Union: Grundrechtslyrik oder Signalwirkung?, in: Gegenwartskunde, 49 Jg., H 4., 468
[13] Menéndéz, Agustin José, 2001 : Chartering Europe: The Charter of Fundamental Rights of the European Union ; ARENA Working Papers WP 01/13   http://www.arena.uio.no/publications/wp01_13.htm , 4

[14] Der SPIEGEL, Nr. 50, 10.12.01, „Reise ins Ungewisse", 36
[15] vgl. Süddeutsche Zeitung, Nr.290, 17.12.2001, „Große Worte für große Ziele", 2

Des Weiteren sei die Europäische Union mehr als nur eine Zweckgemeinschaft, *„deshalb sei eine allgemein verständliche und in einem einzelnen Dokument zusammengefügte Auflistung der Grundrechte für die Akzeptanz des europäischen Einigungsprozesses wichtig"*[16]. Die Bindung der Union in allen Politikbereichen an die Grundrechte wäre durch eine verbindliche Charta demonstriert, und eine Kontrolle der Organe möglich.

Dementsprechend wurden auf dem Gipfel von Köln *„die Wahrung der Grundrechte als ‚Gründungsprinzip' und ‚unerlässliche Voraussetzung' für die Legitimität der EU"*[17] proklamiert. *„Im gegenwärtigen Entwicklungsstand der Union [sei es erforderlich], eine Charta dieser Rechte zu erstellen"*[18], so die mehrheitliche Meinung der Staats- und Regierungschefs in Köln. Sinn und Zweck der Charta sollte es sein, *„die überragende Bedeutung der Grundrechte und die Tragweite für die Unionsbürger sichtbar zu verankern"*[19]. So ist die Grundrechtecharta konzipiert als Dokument, das *„builds upon but does not intend to replace sources and systems of protection of fundamental rights which coexist in Europe"*[20].

Diskussionsstoff lieferten auch[21] die Fragen über die Rechtsnatur der Grundrechtscharta, ihre Reichweite und Art, ob beispielsweise auch soziale Grundrechte Eingang in das Dokument erhalten sollten.

Kontrovers wurde auch der Verbindlichkeitsgrad der Charta diskutiert, denn nur wenn eine Einbindung in die europäischen Verträge erfolgte, könnte eine Rechtsverbindlichkeit gewährleistet sein. Die Debatte scheiterte schließlich am Widerstand Dänemarks und Großbritanniens.

Abschließend blieb zu klären, wie die Grundrechtecharta eingesetzt werden sollte. Vorschläge waren ein öffentliches Referendum in allen Mitgliedsstaaten, durchgesetzt hat sich die Feierliche Proklamation auf dem Gipfel der Staats- und Regierungschefs Mitte Dezember 2000 in Nizza.

---

[16] Knelangen/ Varwick, 469
[17] ebd., 468
[18] ebd.
[19] ebd.
[20] Menéndéz, Agustin José, 9
[21] vgl. Knelangen/ Varwick, 468

2.3 Besonderheiten des Verfassungskonvents

In den Entscheidungsprozess einer offenen demokratischen Gesellschaft spielen vielfältige Faktoren mit hinein. Es gibt Gremien, Ausschüsse, nichtstaatliche und natürlich staatliche Akteure, Politiker, die in verschiedenen Politikbereichen und staatlichen Bereichen Entscheidungen vorbereiten, darüber verhandeln und abstimmen und dabei von Lobbies, anderen Organisationen und Akteuren beeinflusst werden.

In einem so großen staatlichen oder föderativen Gebilde, wie sie die Europäische Union darstellt, liegt die Annahme nahe, dass sich der Entscheidungsprozess noch komplizierter, ausdifferenzierter und bürokratischer vollzieht.

Das bisherige Verfahren zur Verhandlung von grundsätzlichen Problemen bestand aus Regierungskonferenzen, auf denen sich in der Europäischen Union die Bevollmächtigten der nationalen Regierungen der Mtgliedsstaaten zur Beschlussfassung versammelten. Die dort ausgehandelten Kompromisse wurden i.d.R. hinter verschlossenen Türen erdacht[22] und erst nach Abschluss der Verhandlungen der Öffentlichkeit zugänglich gemacht. Nicht-Mitgliedsstaaten und die Allgemeinheit wurden so meist vor vollendete Tatsachen gestellt. *„Fraglich ist, ob das Verfahren der Vertragsänderungen für eine [...] öffentliche Debatte Raum lässt"*[23]. Bisherige Ergebnisse und Vertragsänderungen wurden, evtl. unter Hinzunahme von Experten, wie im Fall der Währungsunion, von den Regierungen ausgehandelt[24], von den nationalen Parlamenten war eine Zustimmung erforderlich, in manchen Fällen auch eine Volksabstimmung.

Durch dieses Verfahren sicherten sich die Regierungen größtmögliche Handlungsfreiheit, allerdings auf Kosten der Transparenz, die Öffentlichkeit bleibt weitgehend ausgeschlossen, die Frage nach der Legitimität der Europäischen Union bei dieser Verfahrensweise stellt sich. Ist eine stärkere Einbeziehung der Parlamente, der Öffentlichkeit und von Organisationen erforderlich, um diesen Ansprüchen zu genügen?

---

[22] s. Knelangen/ Varwick, 468
[23] Dix, Wolfgang, 2001: Grundrechtecharta und Konvent – auf neuen Wegen zur Reform der EU?, in: Integration, 24. Jg., H. 1, 37
[24] vgl. ebd.

Wie sah – im Unterschied zu den Regierungskonferenzen, die dem Verfassungskonvent vorausgingen – die Zusammensetzung und die Beschlussfassung hier aus? War mehr Transparenz vorhanden? Was waren die Besonderheiten?

2.3.1 Zusammensetzung des Konvents

Auf dem Treffen des Europäischen Rates in Köln am 15. und 16. Oktober 1999 unter finnischer Ratspräsidentschaft kam der Vorschlag auf, ein Gremium zur Ausarbeitung einer Grundrechte-Charta für die Europäische Union bis zur Regierungskonferenz von Nizza im Dezember 2000 einzuberufen.

Die Zusammensetzung[25] dieses Gremiums war in dieser Form noch nicht dagewesen: es nahmen neben den 15 Beauftragten der nationalen Regierungen und einem Vertreter der Kommission 16 Abgeordnete des Europäischen Parlamentes teil. Diese stellten jedoch sicherlich keine allzu große Überraschung dar. Eine Neuerung in der Zusammensetzung des Verfassungskonvent genannten Gremiums waren die Abgeordnete der nationalen Parlamente, wegen der Zweikammersysteme mancher EU-Mitgliedsstaaten 30 an der Zahl, die ebenfalls dort zusammenkamen. Denn auch an letztere erging der Auftrag bis zur Regierungskonferenz von Nizza, eine Grundrechtecharta auszuarbeiten. Die nationalen Parlamentarier haben das Recht, Stellvertreter für den Verhinderungsfall zu benennen. Diese Stellvertreter dürfen regulär an allen Sitzungen des Konvents teilnehmen, haben Rederecht aber kein Stimmrecht. Im Anhang zu den Schlussfolgerungen des Rates von Tampere wird jeweils zwei Vertretern des EuGHs sowie des Europarates Beobachterstatus gewährt. Daneben verpflichtet der Beschluss des Europäischen Rates das Gremium zur Ausarbeitung der EU-Grundrechtscharta, dass es den Wirtschafts- und Sozialausschuss, den Ausschuss der Regionen sowie den Europäischen Bürgerbeauftragten anhören soll.

Weiterhin durften erstmals gewöhnliche Bürger und Vertreter von Nichtregierungsorganisationen an den Sitzungen des Konvents teilnehmen. Sie durften zwar nicht beschließen, hatten aber immerhin das Recht auf Wortmeldung (siehe unten).

---

[25] nach Knelangen/ Varwick, 468f

Besonders auffällig an der Zusammensetzung des insgesamt 62 Mitglieder starken Konvents zur Erarbeitung der EU-Charta der Grundrechte ist aber die Dominanz der 46 direkt gewählten Parlamentarier des EPs und der nationalen Parlamente. Diese Zusammensetzung mit ihrem hohen Anteil direkt-demokratisch legitimierter Parlamentarier wird von Befürwortern des Projekts wie z. B. Prof. Jürgen Meyer, der den Deutschen Bundestag vertritt, immer wieder hervorgehoben. Ursprünglich hatte der Europäische Rat nur sieben oder acht Mitglieder des Europäischen Parlaments für den Konvent vorgesehen, wie aus einem Bericht des Ausschusses der Ständigen Vertreter (AStV) an den Rat zu entnehmen ist[26]. An dieser Stelle hat sich anscheinend das Europäische Parlament gegen den Rat durchsetzen können und damit sein ungeschriebenes „Initiativmonopol" in europäischen Verfassungs- und Grundrechtsfragen sowie in Angelegenheiten eines „Europas der Bürger" behaupten können.

2.3.2 Verfahrensweise des Verfassungskonvents

Der Ratsbeschluss von Tampere hat neben der Zusammensetzung des Konvents außerdem die Arbeitsweise und grundsätzliche Verfahrensfragen des Ausarbeitungs- und Entscheidungsverfahrens des Gremiums bestimmt. Auf der ersten Sitzung des Verfassungskonvents am 17. Dezember 1999 wurde der ehemalige deutsche Bundespräsident Roman Herzog zum Vorsitzenden gewählt.

Die Arbeitsweise des Konvents sah vor, dass das Präsidium des Konvents (bestehend aus dem Vorsitzenden und seinen Stellvertretern) einen Arbeitsplan vorlegen und „andere sachdienliche Vorarbeiten" leisten solle. Der Präsident sollte Textvorschläge präsentieren, die anschließend diskutiert und ergänzt oder verändert werden sollten[27], solange bis sich ein konsensfähiger Kern herauskristallisiert hat. Dies erwies sich allerdings oft als sehr schwierig, da viele verschiedene Ansichten eingebracht und vielfältigste Argumente vorgelegt wurden[28]. Besonders aus der Gruppe der nationalen Parlamente ergaben sich oft heftige Diskussionen, v.a. weil ja dort Regierung und Opposition aus einem Lande anwesend war! Auch parteipolitische Loyalitäten erschwerten die Sache zunehmend. In der Schlussphase des Konvents freilich *„ist [es] den Europaparlamentariern [...] gelungen, trotz interner Diffe-*

---
[26] Rat der Europäischen Union Dok. 10539/99 LIMITE, CAB 12 vom 30. Juli 1999
[27] vgl. Knelangen/ Varwick, 469
[28] vgl. Leinen/ Schönlau, 28f

renzen einige wichtige Änderungen gemeinsam einzubringen, vor allem im Bereich der sozialen Rechte"[29]. Insgesamt konnte man sich auf Kompromisse in den einzelnen Bereichen einigen.

Obwohl der rechtliche Status der Grundrechtecharta Anlass zu Diskussion gab, waren *„the members of the drafting Convention [...] ecumenical enough to work as if the Charter was to become a legally binding document"*[30]. Wie sich später herausstellen sollte, bekam die Charta allerdings nur den Status einer feierlichen Proklamation, hatte also keine rechtsverbindliche Grundlage, was als Schwäche des Verfahrens gewertet werden kann.

Die Beratungen des Konvents kamen im September 2000 zum Abschluss. Am 13./ 14. Oktober wurden die vom Verfassungskonvent vorgelegten Ergebnisse vom informellen Europäischen Rat in Biarritz gebilligt. Die Arbeitsweise die im Konvent angewandt wurde, fand allgemeine Anerkennung.

2.3.3 Funktion der NGOs

Nichtregierungsorganisationen (NGOs, von engl. non governmental organizations)[31] sind zivilgesellschaftlich angebundene Organisationen, die sich in Abgrenzung zu Markt und Staat verstehen. Sie sind nicht von einer Regierung abhängig, also autonom, und sie wirtschaften nicht profitorientiert, sie werden *„also nicht von kommerziellen Interessen geleitet"*[32]. NGOs erfüllen demnach eine wichtige gesellschaftliche und politische Aufgabe.

Wie schon weiter oben erwähnt fanden die Entscheidungsprozesse der Europäischen Union zumeist außerhalb der Öffentlichkeit statt, sowohl von Seiten der Öffentlichkeit, als auch von einigen Wissenschaftlern und Politikern aus verschiedenen Ländern wurde ein Mangel an Durchsichtigkeit beklagt.

Das Fehlen von Transparenz ist nicht nur in der fehlenden Öffentlichkeit gegenüber der Bevölkerung begründet. In der Vergangenheit haben auch die Interessengruppen ungenügenden Zugang zu bzw. Einfluss auf die Verfahren der Europäischen Union erhalten.

---

[29] ebd., 30
[30] Menéndéz, Agustin José, 7
[31] nach Nohlen, Dieter, 2001: Kleines Lexikon der Politik, 324f.
[32] ebd., 324

Erstmals hatten die Nichtregierungs-Organisationen Grund, „*die Transparenz in den Verfahrensweisen des Konvents und dessen Interessensbekundung, die Sichtweisen der Civil Society zu berücksichtigen*"[33], anzuerkennen. Eine weitergehende Beteiligung der NGOs ist von großer Bedeutung für den Integrationsprozess der Europäischen Union, da mit ihnen der gesellschaftliche Wille unabhängig von den Regierungen der Länder zum Ausdruck kommt. Auf dem Verfassungskonvent wurden die NGOs – und damit, wenn man so will, gesellschaftliche Kräfte mit in den Entscheidungsprozess einbezogen. Die NGOs hatten zwar kein Stimmrecht, doch konnten sie wichtige Vorschläge einbringen, die von gouvernementaler Ebene durchaus beachtet wurden. „*Die Anhörung der Nichtregierungsorganisationen, an der etwa 70 auf europäischer Ebene aktive Organisationen teilnahmen, hat deutlich gemacht, wie viele unterschiedliche Interessen die europäische Einigung berührt*"[34], u.v.a. welche Bedeutung der Grundrechtecharta von zivilgesellschaftlicher Seite beigemessen wird.

Die Möglichkeit, eigene Stellungnahmen einzubringen, stand nicht nur Organisationen offen, sondern auch Einzelpersonen, so dass den Konvent während seiner neun Monate Tagungszeit über 900 Vorschläge erreichten[35].

Die Sitzungen des Konvents selber liefen ebenfalls unter Beteiligung der Öffentlichkeit ab, ganz im Gegensatz zur parallel verlaufenden Regierungskonferenz von Nizza, die mit mageren Ergebnissen aufwartete. Die Sitzungen und Diskussionsthemen waren auf Abruf bereit über Medien und – erstmals – über das Internet[36]. Zu diesem Zweck war eigens eine Homepage mit über 100 Dokumenten eingerichtet worden[37]. Wortmeldungen aller Teilnehmer oder Besucher waren möglich und erwünscht, obwohl dies natürlich ein zeitliches Problem bereiten hätte können. „*Eine über die Monate wachsende Anzahl von Vertretern von Nichtregierungsorganisationen und interessierten Bürgern verfolgte in Brüssel die Beratungen und konnten sich direkt mit ihren Anliegen zu den Konventsmitgliedern rückkoppeln*"[38]. So konnten die „Unionsbürger" zwar nicht direkt Einfluss auf die europäische Politik nehmen, aber zu-

---

[33] Stellungnahme Amnesty International zur Grundrechtecharta
[34] Leinen/ Schönlau, 30
[35] s.a. ebd., 27
[36] vgl. Dix, 38
[37] vgl. Hohmann, Harald, 2000: Die Charta der Grundrechte der Europäischen Union. Ein wichtiger Beitrag zur Legitimation der EU, in: Aus Politik und Zeitgeschichte, B 52-53/ 2000, 7
[38] Leinen/ Schönlau, 27

mindest hatten sie nun endlich einmal die Gelegenheit, europäische Politik zu erleben. Dies alles kann „*virtuelle Transparenz bedeuten*"[39].

Die Interessengruppen erfuhren über national Institutionen mehr Integration in den Entscheidungsprozess – wenn auch nur indirekt, sie hatten ja kein Beschlussrecht – als je zuvor. Sie bekamen beispielsweise die Gelegenheit, sich jeweils in einer schriftlichen Stellungnahme sowie einer mündlichen Anhörung der Europaausschüsse des Bundestages und des Bundesrates am 5. April 2000 im Berliner Abgeordnetenhaus zu einzelnen Problemfeldern des zukünftigen europäischen Grundrechtskatalogs zu äußern.

Außerdem „sollte ein angemessener Gedankenaustausch" zwischen dem Gremium und den Beitrittsländern geführt werden. Mit einer „Kann-Bestimmung" erlaubt der Beschluss die Anhörung gesellschaftlicher Gruppen und Sachverständiger. So haben die NGOs die Möglichkeit, die im Gremium erarbeiteten Artikel der Charta durch ihre Textvorschläge zu ergänzen oder zu verändern. Diese Möglichkeit nahmen sie auch wahr[40].

Die Sitzungen und sämtliche vom Konvent erstellten und verwendeten Dokumente sollen öffentlich zugänglich sein[41], „*alle Beratungsdokumente des Konvents wurden im Internet veröffentlicht*"[42]. Der Konvent ist berechtigt, Ad-hoc-Arbeitsgruppen einzusetzen. Ein sogenannter Redaktionsausschuss ist dafür zuständig, die Formulierungsvorschläge für einzelne Artikel der Charta in Entwürfen zusammenzufassen, die die Vertreter des Konvents im Rahmen seiner zweitägigen Arbeitsphasen alle vierzehn Tage in den Plenumsdiskussionen unterbreiten. Dieser Ausschuss wird - wie die gesamte Arbeit des Konvents - in administrativen und logistischen Fragen vom Generalsekretariat des Rates unterstützt.

2.4 Das Gipfeltreffen von Laeken vom 14./ 15. Dezember 2001

Am 14. und 15. Dezember 2001 fand im belgischen Schloss Laeken zu Brüssel eine Sitzung des Europäischen Rates statt, die unter anderem den Beschluss fasste, erneut einen Konvent einzuberufen, der mit der Erarbeitung einer Grundrechtecharta für die Eu-

---

[39] Hohmann, 7, siehe aber auch seine Anmerkung dazu
[40] siehe beispielsweise: Position des Verbandes Privater Rundfunk und Telekommunikation e.V. (VPRT), oder IG-Medien-Vorschlag für ein Europäisches Grundrecht der Medien-, Meinungs- und Informationsfreiheit in der Charta der Grundrechte der Europäischen Union
[41] Vgl. hierzu das Angebot des Konvents auf der eigenen Homepage im Internet: http://www.consilium.eu.int/.
[42] Leinen, Jo/ Schönlau, Justus, 2001: die Erarbeitung der Grundrechtcharta im Konvent: nützliche Erfahrungen für die Zukunft Europas, in: Integration, 24. Jg., H. 1, 26.

ropäische Union fortfahren sollte. Über die Inhalte der dortigen Diskussionen und Beschlüsse, aber auch wiederum über die Zusammensetzung der Sitzung und die Besonderheiten und Ergebnisse der Versammlung soll es im Folgenden gehen.

2.4.1 Beschlüsse des Konvents

Der Konvent hatte die Aufgabe, eine Grundrechtecharta, bzw. eine „Verfassung" für die Europäische Union zu erarbeiten. Weiterhin standen allgemeine Fragen auf der Tagesordnung zur Natur der EU-Institutionen[43], Bürgernähe, Autorität, Effizienz und demokratische Legitimierung der Kommission und der Parlamente. Auf diese Fragen kann in dieser Arbeit nicht näher eingegangen werden. Erwähnt sei lediglich, dass bei weitem nicht alle Fragen - mit Ausnahme der Einberufung des Konvents zur Erarbeitung einer Verfassung für die Europäische Union - als Erfolg gewertet werden können. Oft verfing man sich in Kleinigkeiten, beispielsweise löste die Debatte um die Standorte bestimmter Institutionen einen weiten Diskurs aus, der schließlich zum Abbruch der Verhandlungen führte.

Die Frage nach dem Konvent dagegen kann sicherlich als Erfolg bewertet werden, dazu weiter unten.

Dem Konvent fällt die Aufgabe zu[44], eine Antwort auf die entscheidenden Fragen zu erarbeiten, die die zukünftige Entwicklung der EU aufwirft, u.a. einen Verfassungstext für die EU zu entwerfen, bzw. den bestehenden aus dem vorherigen Verfassungskonvent zu modifizieren oder zu verbessern.

Im Mittelpunkt stand demnach die Frage nach einer EU-Verfassung mit klarer Kompetenzverteilung, mit dem Ergebnis einer *„Erklärung von Laeken zur Zukunft der Europäischen Union"*[45]. Der Konvent sollte dabei als Instanz fungieren, in dem die anstehenden Fragen der Zukunft diskutiert werden können. Gleichzeitig sollte er als Vorbereitung für die nächste Regierungskonferenz dienen, es sollten bis 2003 Vorschläge erarbeitet werden, die die Kompetenzen innerhalb der Union ordnen und die Verträge neu arrangieren

---

[43] Vgl. dazu Süddeutsche Zeitung, Nr. 290 vom 17.12.2001, „Europa soll demokratischer werden", 2
[44] Schlussfolgerungen des Vorsitzes, Europäischer Rat (Laeken) 14. und 15. Dezember, SN 300/ 01, 7
[45] vgl. ebd., 1

sollten. „*Europa muss demokratischer, transparenter und effizienter werden,*"[46] so Wolfgang Schäuble nach dem Gipfel. Darin sind sich die 15 europäischen Staats- und Regierungschefs einig, doch wie soll dieses Vorhaben umgesetzt werden, wie soll sich der Konvent zusammensetzen, welche Verfahrensweise wird angewendet?

2.4.2 Zusammensetzung des Konvents

Zur Erarbeitung der Vorschläge auf dem Verfassungskonvent[47] war es vorgesehen, dass 60 Vertreter nationaler und europäischer Regierungen und Parlamente sowie Mitglieder der EU-Kommission ab dem 01. März 2002 innerhalb eines Jahres Vorschläge zu einer grundlegenden Reform der europäischen Verfassung erarbeiteten.

Insgesamt besteht der Konvent aus 104 Mitgliedern[48], die sich im einzelnen wie folgt zusammensetzen[49]: 15 Vertreter der Staats- und Regierungschefs der Mitgliedsstaaten (ein Vertreter pro Mitgliedsstaat), 30 Mitglieder der nationalen Parlamente (zwei pro Mitgliedsstaat, aufgrund der Zweiteilung der Volkskammern wie zB. in Deutschland Bundesrat/ Bundestag), 16 Delegierten des Europäischen Parlamentes und zwei Vertreter der EU-Kommission. Einen Beobachterstatus haben - d.h. sie dürfen teilnehmen, sich zu Wort melden, haben Rederecht, dürfen aber nicht abstimmen:

- Drei Vertreter des Wirtschafts- und Sozialausschusses,

- Drei Vertreter der europäischen Sozialpartner,

- Sechs Vertreter des Ausschusses der Regionen, diese werden bestimmt unter den Vertretern der Regionen, der Städte und der Regionen mit legislativer Befugnis[50] und

- Der Europäische Bürgerbeauftragte.

Außerdem haben der Präsident des Gerichtshofes und der Präsident des Rechnungshofes auf Einladung des Präsidiums hin die Möglichkeit, sich vor dem Konvent zu bestimmten Sachfragen zu äußern.

---

[46] Wolfgang Schäuble, in: Süddeutsche Zeitung, Nr. 287 vom 13.12.2001, „Letzte Ausfahrt Laeken", 4
[47] vgl. SPIEGEL, Nr. 50, 34
[48] s. SZ Nr. 290, 2
[49] nach Schlussfolgerungen, 1f
[50] vgl. Schlussfolgerungen, 7f

Die größte Gruppe der Konventsangehörigen wird demnach von Abgeordneten der Parlamente gestellt.

Ebenfalls vertreten sind Gesandte der Beitrittskandidaten[51], und zwar in gleicher Weise wie die Mitgliedsstaaten, nämlich mit einem Vertreter der jeweiligen Regierung und zwei Abgeordneten der nationalen Parlamente. Die Bewerberländer freilich können an den Beratungen teilnehmen, sie vermögen aber die Beschlüsse des Konvents nicht zu beeinflussen – zumindest nicht zu verhindern.

Ähnliches gilt für die Nichtregierungsorganisationen, Hochschulen, Wirtschaftskreisen und ähnlichen Organisationen, die in einem parallel laufenden Forum an einer umfassenden Debatte teilnehmen, jedoch nicht selbst auf die Beschlüsse des Konventes einwirken können. Hierin wird ein weiteres Anzeichen für mehr Transparenz und Demokratisierung der Versammlung ersichtlich. Eine umfassende Debatte unter Beteiligung aller Bürger wird hierdurch ermöglicht. Die am Forum teilnehmenden Organisationen werden regelmäßig über die Arbeit des Konvents unterrichtet, ihre Beiträge werden im Idealfall in die Debatte einfließen[52]. Für die Organisationen besteht weiterhin die Möglichkeit, nach vom Präsidium festgelegten Modalitäten zu speziellen Themen angehört oder konsultiert zu werden.

Bei Nichtanwesenheit eines der Mitglieder des Konventes besteht die Möglichkeit, sich von einem Stellvertreter ersetzen zu lassen; die Stellvertreter müssen in derselben Weise benannt werden wie die Mitglieder.

Als Präsident dieser Versammlung wird der 75-jährige frühere französische Staatspräsident Valéry Giscard d'Estaing fungieren. Er wird zusammen mit dem italienischen Politiker Giuliano Amato, 63, und dem früheren belgischen Ministerpräsidenten Jean-Luc Dehaene, 61, die Leitung der öffentlich tagenden Versammlung übernehmen. *„Auch die EU-Kommissare Michael Barnier und Antonio Vitorino werden im zwölfköpfigen Konvents-Präsidium vertreten sein."*[53] Die Einsetzung des ehemaligen französischen Staatschefs Giscard d'Estaing, die von deutscher und französischer Seite vorangetrieben und dann einstimmig

---

[51] nach ebd., 7
[52] vgl. ebd., 8
[53] SZ Nr. 290, 2

angenommen worden war, stößt nicht nur auf Einhelligkeit. Kritiker geben an, dass gerade für den Vorsitz des „Konvents für die Zukunft Europas" ein jüngerer Mann mit frischen Ideen angebracht wäre, nicht einer, *„der die Zukunft schon hinter sich hat."*[54]

Den Vorsitz des Konventes wird ein zwölfköpfiges Präsidium innehaben, dem neben dem Präsidenten Giscard d'Estaing und den beiden Vizepräsidenten Giuliano Amato und Jean-Luc Dehaene neun weitere Mitglieder des Konvents angehören. Diese setzen sich zusammen[55] aus den Vertretern aller Regierungen, die während der Zeit des Konvents den Ratsvorsitz innehaben, aus zwei Vertretern nationaler Parlamente, zwei Vertreter der Mitglieder des Europäischen Parlaments und aus zwei Vertretern der EU-Kommission. Unterstützt wird das Präsidium von einem Konventssekretariat[56], das durch das Generalsekretariat des Europäischen Rates wahrgenommen wird, und zwar unter Beteiligung von Experten der Kommission und des Europäischen Parlamentes. Auch hier zeigt sich der relativ große Einfluss der vom Volk gewählten Repräsentanten.

Die deutsche Bundesregierung wird sich im Konvent zu Laeken vom früheren SPD-Bundestagsabgeordneten und Bundesgeschäftsführer Peter Glotz, 62 vertreten lassen. Außerdem wird Deutschland, wie auch alle anderen EU-Mitgliedsstaaten, im Konvent von je einem Vertreter von Bundestag und Bundesrat vertreten werden.

2.4.3 Verfahrensweise des Konvents

Bei der Vorbereitung des Laeken-Gipfels spielten unangenehme Erfahrungen mit hinein: bereits viermal war die Bildung eines Verfassungskonvents Thema in der Runde der Fünfzehn[57], dabei wollten die Neinsager – v.a. Großbritannien, Irland, Schweden und Dänemark, wie auch Spanien und Portugal - am liebsten gar keinen Konvent, *„da dessen Arbeitsergebnisse weit über das von ihnen gewollte Maß an Integration hinausschießen könnte."*[58] Auch Frankreich wirkte der Integration eher entgegen.

---

[54] ebd., 4
[55] nach Schlussfolgerungen, 7
[56] vgl. ebd., 8
[57] vgl. SPIEGEL, Nr. 50, 36
[58] Der SPIEGEL, Nr. 50, 36

Die nun auf dem Gipfel von Laeken einberufene Erklärung *„lässt dem Konvent großen Freiraum und gibt mit offenen Fragen nur den Diskussionsrahmen vor."*[59]

Das zwölfköpfige Konvents-Präsidium wird bis zum Sommer 2003 die im Konvent gefassten Reformvorschläge präsentieren, *„entweder als im Konsens verabschiedeten Entwurf oder in Form von Optionen."*[60] Theoretisch könnten die 15 Staats- und Regierungschefs die Vorschläge dann ignorieren, politisch wird das kaum möglich sein, das würde zuviel Empörung, besonders aus den Parlamenten der Mitgliedsstaaten, hervorrufen.

Im Unterschied zu sonstigen EU-Veranstaltungen, oder gar den Regierungskonferenzen, ist der Konvent ein öffentlich tagendes Gremium, die erste seiner Sitzungen[61] wird am 01. März 2002 stattfinden. Bei dieser Gelegenheit wird das Präsidium des Konvents ernannt, und die Regeln für die Arbeitsweise festgelegt.

Wie schon beim ersten Verfassungskonvent seiner Art im Dezember 1999[62] werden alle Erörterungen und sämtliche offiziellen Dokumente des Konvents für die Öffentlichkeit im Internet zugänglich sein. Gearbeitet wird im Konvent in allen elf Arbeitssprachen der Union[63].

Auch beim aktuellen Verfassungskonvent – wie schon beim letzten – wird der Zivilgesellschaft die Möglichkeit gegeben, aktiv am Prozess der Beschlussfassung teilzunehmen. So findet parallel zum Konvent ein Forum statt, das der öffentlichen Debatte unter NGOs, Hochschulen, Vertretern der Wirtschaft sowie allen Bürgern dienen soll, die daran teilnehmen können[64].

Die Arbeitsmethoden des Verfassungskonvents werden voraussichtlich so aussehen[65], dass der Präsident den Beginn der Arbeiten des Konvents vorbereitet, indem er die Ergebnisse aus den öffentlichen Debatte, die neben dem Konvent stattfinden soll, auswertet. Das Präsidium soll dabei Denkanstöße geben und eine Arbeitsgrundlage für den Konvent erstellen.

---

[59] SZ, Nr. 290, 2
[60] ebd.
[61] vgl. Schlussfolgerungen, 2
[62] vgl. Kapitel 2.3ff
[63] s. Schlussfolgerungen, 2
[64] vgl. ebd., 2
[65] s. ebd., 8

Diese Verfahrensweise hebt sich deutlich von der auf den bisherigen Regierungskonferenzen ab. Dort handelten bislang die Staats- und Regierungschefs der Mitgliedsstaaten zumeist hinter verschlossener Tür ihre Kompromisse aus, um sie erst nach Beschlussfassung der Öffentlichkeit zu präsentieren. Hier nun geht sogar der Diskussion auf der Versammlung eine öffentliche Debatte voraus, nach der sich dann die Teilnehmer des Konvents im Idealfall richten sollen, um sie dann erneut der Öffentlichkeit zu präsentieren, da die Beschlüsse sofort für alle zugänglich sind. Die Transparenz und Demokratisierung dieses Verfahrens ist deutlich sichtbar.

Dem Präsidium wird auf dem Konvent eine besondere Sachkompetenz eingeräumt werden, es *„kann die Kommissionsdienste und Experten seiner Wahl zu allen technischen Fragen konsultieren, die seines Erachtens vertieft werden sollten. Es kann Ad-hoc-Arbeitsgruppen einsetzen."*[66]

Der Präsident des Konvents[67] wird den Europäischen Rat über den Verlauf und den Stand der Arbeiten der Versammlung auf dem Laufenden halten, indem er auf jeder Tagung des Rates einen mündlichen Bericht über den Fortgang des Verfassungskonvents abliefert. Dies ist ein wirksames Mittel, um die Reaktion der Staats- und Regierungschefs einzuholen.

Das Ziel des Verfassungskonventes soll es sein, innerhalb eines Jahres die Beratungen abzuschließen, damit der Präsident des Konvents die Ergebnisse dem Europäischen Rat vorlegen kann. Dieses Abschlussdokument soll als Basis für die Arbeit der zukünftigen Regierungskonferenzen fungieren, welche endgültig darüber Beschluss fassen werden[68].

2.5 Besonderheiten und Ergebnis für den Konvent

Die Beschlüsse des Gipfels von Laeken könnten eine besondere, weil eine der letzten Chancen sein, die Europäische Union vor der Erweiterung zu stärken. Der Konvent verdient deswegen besondere Beachtung, weil er sich in seinem Verlauf, in seiner Beschlussfassung und in seiner Zusammensetzung von den Regierungskonferenzen unterscheidet. *„Hier führen die 15 Ober-Europäer eine revolutionäre Methode ein,"*[69] urteilt die *Süddeutsche Zeitung*.

---

[66] Schlussfolgerungen, 8
[67] nach ebd.
[68] nach ebd., 2
[69] SZ Nr. 287, 4

„Während sie bisher neue Verträge unter sich ausgipfelten, wollen sie nun einen öffentlich tagenden Konvent vorschalten."[70] Wie schon beim Verfassungskonvent zuvor vom Dezember 1999 bilden dort Parlamentarier vor Regierungsvertretern die große Mehrheit bei der Erarbeitung der Reformvorschläge.

Der Erfolg eines solchen Konventes[71] könnte in einem Einstieg in Verfassung und Gewaltenteilung in der Europäischen Union liegen, die Veto-Blockaden beenden und die Außen-, Sicherheits- und Justizpolitik auf ein gemeinsames europäisches Level bringen. Die Versprechen von einem transparenteren und effizienteren Entscheidungsprozess schließlich könnten sich ebenfalls bestätigen. *„Für die Europäische Union gelten derzeit vier Verträge. Die Ziele, Zuständigkeiten und Politikinstrumente der Union sind in diesen Verträgen verstreut. Im Interesse einer größeren Transparenz ist eine Vereinfachung* [der Verträge in einer Verfassung für die EU] *unerlässlich."*[72] Dazu allerdings ist Souveränitätsverzicht der Regierenden nötig, dem sie letztlich selbst zustimmen müssten.

Weiterhin muss darüber nachgedacht werden[73], ob die erarbeitete Charta der Grundrechte in den Basisvertrag aufgenommen werden soll und ob ein Beitritt der Europäischen Union zur Europäischen Menschenrechtskonvention erwogen werden soll.

Für die Verfassung, so sie denn entsteht und verbindlich für alle EU-Bürger gilt, müssen die Kernbestandteile, Werte Grundrechte und -pflichten der Bürger und das Verhältnis der Mitgliedsstaaten zur Union festgelegt werden.

Dies alles wird in einem Abschlussdokument festgehalten werden[74], das nach Abschluss des Konvents dem Rat vorgelegt werden wird. Dieses wird entweder Optionen unter Angabe der Anerkennung im Konvent oder – im Falle eines Konsenses im Konvent – Empfehlungen enthalten.

---

[70] ebd.
[71] vgl. SZ Nr. 287, 4.
[72] Schlussfolgerungen, 6
[73] s. ebd., 7
[74] vgl. ebd., 8

Das Abschlussdokument wird zusammen mit den Ergebnissen der Debatten in den einzelnen Mitgliedsstaaten über die Zukunft der Union *„als Ausgangspunkt für die Arbeiten der künftigen Regierungskonferenz, die die endgültigen Beschlüsse fasst"*[75] dienen.

3. Fazit und Ausblick

Der Sinn einer Verfassung für die Europäische Union hat sich zwar gerade in den letzten Jahren mehr und mehr herauskristallisiert: der Europäischen Union fehlte es an Transparenz in den Entscheidungsverfahren, ihre Legitimation wird von den europäischen Bürgern zunehmend in frage gestellt. Die Gegner einer Verfassung sahen dieses Problem jedoch durch eine Verfassung nicht gelöst, eine freiheitliche Demokratie könne auch ohne ein solches Dokument existieren.

Auf den Gipfeln von Köln und Tampere wurde der Entschluss, eine Grundrechtecharta zu erarbeiten gefestigt und die Verfahrensweise festgelegt. Zu diesem Zweck wurde ein Gremium einberufen, der „Verfassungskonvent", unter der Leitung von Ex-Bundespräsident Roman Herzog.

Der Konvent bestand zu drei Vierteln aus Parlamentsabgeordneten mit unmittelbarer Legitimation durch das Volk[76]. Der eigentlich neue Umstand an der Zusammensetzung des Konvents bestand freilich darin, dass v.a. auch zivile Akteure, „normale" Bürger und viele Nichtregierungsorganisationen (NGOs) angehört wurden, so dass eine demokratische Legitimation hierbei gewährleistet war.

Die Struktur des Konvents hat nicht nur eine relativ effektive Verfahrensweise und ein Ergebnis ermöglicht, das sich im Vergleich zur Regierungskonferenz sehen lassen kann[77]. Sie hat auch entscheidend dazu beigetragen, dass das Chartaprojekt einer breiten Öffentlichkeit zugänglich wurde *„und eine Debatte über die Werte Europas anzustoßen"*[78].

Die Anhörung auch der Interessengruppen hat deutlich gemacht[79], dass Nichtregierungsorganisationen eine immer wichtigere Rolle in der europäischen Politik spielen. Aus den Stellungnahmen der NGOs und sonstiger nichtstaatlicher Akteure wird ersichtlich,

---

[75] ebd., 8
[76] Vgl. Hohmann, 7
[77] vgl. Leinen/ Schönlau, 30ff
[78] ebd., 30
[79] s. auch ebd.

dass der Grundrechtecharta auch aus zivilgesellschaftlicher Sicht eine hohe Bedeutung beigemessen wird.

Die Charta der Europäischen Grundrechte wurde auf der Regierungskonferenz von Nizza am 07. Dezember 2000 feierlich proklamiert. Er wurde jedoch nicht als eine eigenständige Verfassung für die Europäische Union eingesetzt. Die einzelnen Artikel waren zu sehr Gegenstand weitläufiger Diskussionen, die Mitgliedsstaaten spalteten sich in zwei Lager. Die Notwendigkeit einer Verfassung war bis dato bei den Kritikern einer Verfassung nicht geklärt.

Auf dem Gipfel von Laeken am 14. und 15. Dezember 2001 wurde neben anderen Sachfragen die Zukunft der EU betreffend beschlossen, erneut einen Konvent einzuberufen, der die Erarbeitung einer Charta der Grundrechte für die Europäische Union fortführen sollte. Dieser Konvent kann, wie oben gezeigt durchaus als Erfolg bewertet werden.

Ein wichtiger Beschluss der Versammlung war das Ziel, die Europäische Union dem Bürger näher zu bringen, mehr Transparenz, Effizienz und mehr Demokratie durchzusetzen. Der EU-Bürger sollte sich weiter mit der Europäischen Union identifizieren können und dadurch die Legitimation der EU zu steigern.

Der Verfassungskonvent, der ab 01. März 2002 in Brüssel seine Arbeit aufnehmen soll, wird sich, wie schon der vorherige, mehrheitlich aus Parlamentariern zusammensetzen. Er wird also durch vom Volk gewählte Repräsentanten dominiert, was einen Erfolg für mehr Transparenz, Bürgernähe und Demokratie darstellt.

Auch die Teilnahme von Nichtregierungsorganisationen, Vertretern der Wirtschaft und „gewöhnlichen Bürgern" in einem parallel stattfindenden Forum mit öffentlicher Diskussion kann als positive Neuerung gesehen werden. Ebenso ist die Tatsache, dass alle Beschlüsse des Konvents sofort im Internet allen EU- oder Weltbürgern zur Verfügung und zur Diskussion offen stehen, als positiv anzumerken.

In bezug auf die Verfahrensweise des Konvents kann die große Öffentlichkeit als Pluspunkt vermerkt werden. So gehen etwaigen Beschlüssen oder Kompromissen des

Konvents Stellungnahmen der NGOs und der Öffentlichkeit im Forum voraus. Diese können Einfluss nehmen auf die endgültige Entscheidung des Präsidiums im Konvent.

Der Verfassungskonvent ist als ein wichtiger aber keineswegs abschließender Schritt in einem Prozess zu sehen, bei dem wohl auch die Beteiligung der Bürger wichtig sein dürfte. *„Die Konventsmethode hat sich [...] als zentraler Bestandteil des zukünftigen Integrationsprozesses empfohlen,"*[80] die Staats- und Regierungschefs könnten sich für ihr nächstes anstehendes Treffen überlegen, ob sie nicht einige Elemente des Entscheidungsprozesses des Konvents übernehmen möchten, statt hinter verschlossenen Türen ihre Entscheidungen auszuarbeiten und sie dann ohne weitere Debatte der Öffentlichkeit zu präsentieren.

Die herkömmliche Konferenzdiplomatie, wie beispielsweise auf dem Gipfel in Nizza, ist in zunehmendem Maße zum Scheitern verurteilt[81], so dass die Erwartungen an den Verfassungskonvent steigen: *„wenn es gut läuft, könnte der Konsens über eine neue Grundakte neuen Schwung in die EU bringen,"*[82] falls der Konvent scheitert, könnte das allerdings die gesamte Europäische Union in noch größere Schwierigkeiten bringen. Eine Spaltung der europäischen Staaten wäre unausweichlich und paradoxer Weise könnte gerade der Versuch, die Integration voranzutreiben, diese scheitern lassen.

---

[80] Leinen/ Schönlau, 33
[81] so z.B. Der Spiegel, Nr. 50, 36
[82] Der Spiegel, Nr. 50, 36

4. Literaturverzeichnis

Bertelsmann Europa-Kommission (Hrsg.), 2000: Europas Vollendung vorbereiten, Forderungen an die Regierungskonferenz 2000

Bogdandy, Armin von, 2001: Grundrechtsgemeinschaft als Integrationsziel? Grundrechte und das Wesen der Europäischen Union, in: Juristen-Zeitung, 56. Jg., H. 4, 157-171.

Danwitz, Thomas von, 2001: Zwischen Symbolismus und Realismus. Die Grundrechtecharta der Europäischen Union, in: Internationale Politik, 56 Jg., Nr. 2, 37-42.

Dix, Wolfgang, 2001: Grundrechtecharta und Konvent – auf neuen Wegen zur Reform der EU?, in: Integration, 24. Jg., H. 1, 34-41.

Hohmann, Harald, 2000: Die Charta der Grundrechte der Europäischen Union. Ein wichtiger Beitrag zur Legitimation der EU, in: Aus Politik und Zeitgeschichte, B 52-53/2000, 5-12.

Knelangen, Wilhelm/ Varwick, Johannes, 2000: die Charta der Grundrechte der Europäischen Union: Grundrechtslyrik oder Signalwirkung?, in: Gegenwartskunde, 49 Jg., H 4., 467-471.

Leinen, Jo/ Schönlau, Justus, 2001: die Erarbeitung der Grundrechtecharta im Konvent: nützliche Erfahrungen für die Zukunft Europas, in: Integration, 24. Jg., H. 1, 26-33.

Menéndéz, Agustin José, 2001: Chartering Europe: The Charter of Fundamental Rights of the European Union; ARENA Working Papers WP 01/13
http://www.arena.uio.no/publications/wp01_13.htm

Nohlen, Dieter (Hrsg.), 2001: Kleines Lexikon der Politik

Schlussfolgerungen des Vorsitzes, Europäischer Rat (Laeken) 14. und 15. Dezember, SN 300/ 01

Der SPIEGEL, Nr. 50, 10.12.01, „Reise ins Ungewisse", 34-36.

Der SPIEGEL, Nr. 51, 17.12.01, „Glotz im EU-Konvent", 17

Süddeutsche Zeitung, Nr. 287 vom 13.12.2001, „Letzte Ausfahrt Laeken", 4

Süddeutsche Zeitung, Nr. 290 vom 17.12.2001, „Europa soll demokratischer werden", 1-4

Weidenfeld, Werner (Hrsg.), 1999: Europa-Handbuch. Bundeszentrale für politische Bildung, Bonn.